BOX *of* LIGHT
CAJA *de* LUZ

Poems in English and Spanish
Poemas en inglés y español

Susan Gardner

RED MOUNTAIN PRESS
Santa Fe

Copyright © 2008 Susan Gardner.
All rights reserved.
Cover:
A Box of Light, Nantes Cathedral, Nantes, France 2007.
Photograph and drawings by the author.
Fotografía y dibujos por la autora.
© 2008 Susan Gardner.

ISBN 978-0-9799865-2-9
Design by Michael Motley
Printed in The United States of America

RED MOUNTAIN PRESS
P.O. Box 32205
Santa Fe, New Mexico 87594
redmountainpress@earthlink.net

The English versions of Shakuhachi, Where the Flowers Have Gone, Unsettled Conditions, and Humid Night Air first appeared in *Stone Music: The Art and Poetry of Susan Gardner*, Red Mountain Press, 2007. © 2007 Susan Gardner.

The English version of Cold River first appeared in *Intimate Landscapes*, St. John's College, 1998.
© 1998 Susan Gardner.

For RDR

CONTENTS | INDICE DE MATERIAS

Una Nota de la Autora • Author's Note	8–9
Introducción • Introduction	10–11

POEMAS • POEMS

Caja de luz	14
Box of Light	15
Canción vespertina	16
Evensong	17
Reunión	18
Homecoming	19
Querido amigo	22
Dear Friend	23
Deseos nocturnos	24
Desires in the Night	25
Al pie de Black Mesa	26
Below Black Mesa	27
Tocando la viola	30
Playing the Viola	31
Plata mojada	32
Wet Silver	33
A donde se fueron las flores	34
Where the Flowers Have Gone	35
Condiciones desestabilizadas	36
Unsettled Conditions	37
El águila	38
The Eagle	39
Shakuhachi	40
Shakuhachi	41
Lapsus	44
Lapse of Memory	45
Húmedo aire nocturno	46
Humid Night Air	47
En la guerra	48
At War	49
Adiós	50

Good-bye	51
Friolenta	52
Chilly	53
Historia de un delantal	56–57
Apron Story	58–59
Dichoso día	62
Joyous Day	63
Las nubes altas	64
High Clouds	65
Río fresco	68
Cold River	69
Virga	70
Virga	71
Subir a Montserrat	74
Climbing Montserrat	75
Multimedia	76
Multimedia	77
En Altona, Manitoba	78
In Altona, Manitoba	79
El aire blanco	80
Flat Air	81
Canción de la Pradera	82
Meadow Song	83
Chocolate francés	84
French Chocolate	85
El nivel de polen	86
Pollen Count	87
Comprar una Nueva Casa	88
Buying a New House	89
Tormenta mágica	90
Magic Thunderstorm	91
Acrobacia	94
Acrobatics	95
Viejos regalos	96
Old Gifts	97

UNA NOTA DE LA AUTORA

Algunos de estos poemas fueron compuestos en inglés al principio, el resto fueron escritos originalmente en español. Ha sido interesante tratar de capturar el sentido y el sonido de los originales en la segunda lengua. Cambiar entre lenguas es cambiar entre culturas y los poemas son más bien primos que gemelos.

Los poemas son canciones habladas, con aire y espacio para respirar. La puntuación no es completamente consistente. Su función es ayudar a levantar las palabras en la página a la forma oral. De vez en cuando, hablamos de una manera, en otras ocasiones de otra.

Me gustaría reconocer con gratitud al redactor, Richard Lehnert. Mejoró la calidad de esto libro. Gracias, también, a John Stafford, Margo Chávez, María Cristina López, y Michael Motley.

RD Ross ha sido un crítico paciente y serio, apoyando mi labor de muchas maneras. Ningún agradecimiento sería suficiente.

AUTHOR'S NOTE

Some of these poems were first composed in English; the rest were originally written in Spanish. It has been interesting to try to capture the sense and sound of the original language in the second. Moving between languages is moving between cultures; the poems are cousins rather than twins.

The poems are spoken songs, with air and space to catch our breath. The punctuation is not completely consistent. Its function is to help lift the words on the page into speech. Sometimes we talk one way, sometimes another.

I would like to acknowledge with gratitude the editor, Richard Lehnert. He made this a much better book. Thank you, too, to John Stafford, Margo Chavez, María Cristina López, and Michael Motley.

RD Ross has been a patient and serious critic, supporting my work in so many ways. No thanks would suffice.

INTRODUCCIÓN

Susan Gardner es una astuta observadora de la naturaleza humana y del medio ambiente natural. *Caja de luz* muestra ampliamente su habilidad característica en iluminar las relaciones y en revelar el significado contextual de su entorno. Con imágenes ricas y medio de expresión claro y conciso, Gardner nos conduce a través de un paisaje variado de observación y de comentario poético.

Muchos de los instrumentos y actitudes que Gardner emplea reflejan las creencias esenciales formadas temprano en su desarrollo. Uno de éstos es el concepto budista de mirar directamente: de mover más allá del filtro del ego personal para ver lo que es verdad aquí en el presente.

Esta cualidad se ve fácilmente en la poesía de Gardner, con su cadencia floja y coloquial y en el idioma abierto y preciso. Su trabajo nos recuerda de tanka y haiku en su elección de tema, en su sentimiento musical y en su sencillez fuerte de la imagen.

Su capacidad, en este caso, para mantener tanto el significado y la integridad poética en los dos idiomas, inglés y español, es un regalo adicional a lectores de cualquier idioma.

INTRODUCTION

Susan Gardner is an astute observer of human nature and the natural environment. *Box of Light* amply displays her characteristic skill at illuminating relationships and drawing contextual meaning from her surroundings. With rich fullness of imagery and clear, concise means of expression, Gardner leads us through a varied landscape of poetic observation and commentary.

Many of the tools and attitudes Gardner employs reflect essential beliefs formed early in her development. One of these is the Buddhist concept of direct pointing: moving beyond the filter of personal ego to see what is true in the here and now.

This quality is easily seen in Gardner's poetry, with its loose, conversational cadence and open, precise language. Her work reminds us of tanka and haiku in its choice of subject matter, musical feeling, and forceful simplicity of image.

Her ability, in this case, to maintain both meaning and poetic integrity while crossing the language divide between English and Spanish, is a further gift to readers of either language.

RD Ross

CAJA DE LUZ

A las seis de la tarde
el aire está pesado de sol
lleno de insinuaciones de la noche que se acerca
sostiene todavía una luz feliz

Un momento inmóvil

Pongo mis recuerdos del porvenir
en esta caja de luz.

BOX OF LIGHT

At six in the afternoon
the air is heavy with sun
filled with intimations of the coming evening
still holding a lovely light

A motionless moment

I put my memories of the future
in this box of light.

CANCIÓN VESPERTINA

Las familias de coyotes se cantan,
una tras otra, al anochecer

montañas los colores de las uvas rojas
el cielo más azul que lapislázuli

hasta que la noche negra – sin luna –
nos deja ver las estrellas

EVENSONG

Coyote families sing to each other in the dusk

      mountains the colors of red grapes
      sky bluer than lapis lazuli

Until the moonless black night
lets us see the stars

REUNIÓN

Lluvia nocturna en las ventanas

Té de salvia
– el vapor a la deriva –
– transparente –

lentamente
suelta su fragancia.

Tranquilos juntos
en casa

HOMECOMING

Night rain on the windows

Sage tea –
        steam drifting transparently –

slowly slowly
releases its fragrance.

Quiet together
at home

QUERIDO AMIGO

Tu voz me recuerda
    – después de tanto tiempo –
qué dulces fueron nuestros días.

Amo el recuerdo de haberte amado.

Aún te amo

DEAR FRIEND

Your voice reminds me –
      after so long a time –
how sweet were our days together.

I love the memory of loving you.

I love you still

DESEOS NOCTURNOS

La noche es bella
      fresca , oscura, limpia

quiero decirte de los colores de mis sueños
quiero despertarme contigo al amanecer
quiero que me mires en la oscuridad

y que me veas aquí

DESIRES IN THE NIGHT

The night is beautiful
    cool, dark, clear

I want to tell you the colors of my dreams
I want to wake at dawn with you
I want you to look at me in the dark

and see me here

AL PIE DE BLACK MESA

La libélula baila en las cañas
a la orilla de la charca

azul y valiente
como el cielo de la mañana

BELOW BLACK MESA

The dragonfly dances on the reeds
at the edge of the pond

blue and brave
as the morning sky

TOCANDO LA VIOLA

Un cuerpo envuelto alrededor del sinuoso espacio
    tenso, brillante
    lleno de aire

Otro, músculos y huesos, aire y agua,
    animado
    despierto

Uno más, flexible, estirado, su alcance extendiendo
    elevado a las alturas en expectativa
    arqueándose hacia adelante

En el último momento
sin aliento, en equilibrio sobre el vacío voluptuoso
tiemblan, se tocan,
alientos haciéndose uno
se convierten en un solo instrumento

Hacen música.

PLAYING THE VIOLA

A body wrapped around the sinuous space
    taut, shining
    full of air

Another, muscle and bone, air and water
    roused
    awake

One more, supple, stretched, reaching
    lifted high in expectation
    arching forward

In the last moment
poised over the voluptuous void, breathless
they tremble, touch
breaths coming together
become a single instrument

They make music.

PLATA MOJADA

Que día tan gris
con el gris de plata mojada
reluciente y feliz
dejándonos tocar el cielo

WET SILVER

What a gray day
with the gray of wet silver
gleaming near
letting us touch the sky

A DONDE SE FUERON LAS FLORES

Día del Armisticio, 11 noviembre 2004

Coronas de rosas de rojo de sangre
guirnaldas de crisantemos
más amarillos que el sol

    palabras de honor
    palabras de sacrificio
    palabras de la patria

Después
disparen.

WHERE THE FLOWERS HAVE GONE

Armistice Day, 11 November 2004

Wreaths of roses blood red
garlands of chrysanthemums
more yellow than the sun.

      talk of honor
      talk of sacrifice
      talk of harm's way

Then shoot.

CONDICIONES DESESTABILIZADAS

Soleado mañana
seguido por días nebulosos
después lluvia
condiciones ventosas
advertencias a barcos pequeños
avisos en los lagos grandes
turbulencia en la atmósfera alta

Cualquier tiempo es el tiempo
de hacer la guerra.

UNSETTLED CONDITIONS

Sun tomorrow
followed by cloudy days
then rain
breezy conditions
small craft warnings
large lakes advisory
turbulence in the upper atmosphere

Any time is the time
to go to war.

EL ÁGUILA

Por un poco más de tiempo
quería quedarme contigo

    sentir tu sonrisa
    verme en tus ojos
    disfrutarme en el roce
    de tus manos cuadradas

Y por un poco más de tiempo
quería evitar la tristeza que,
como un águila noble y libre,
se cerne sobre mi corazón

THE EAGLE

For a little while longer
I wanted to stay with you

    feel your smile
    see myself in your eyes
    enjoy the touch of your square hands

And for a little while longer
I wanted to evade the sadness
that, like a great, free eagle,
soars over my heart

SHAKUHACHI

El sonido del bambú cae sobre el valle
copos de sonido en la sierra
cabalgando el viento
abrazando el aire
dejando cristales de silencio

Una shakuhachi es una flauta japonesa de bambú.

SHAKUHACHI

The sound of the bamboo falls over the valley
snowflakes of sound on the sierra
riding the wind
embracing the air
leaving crystals of silence

A shakuhachi is a Japanese bamboo flute.

LAPSUS

Las hojas amarillentas murmuran bajo el sol
rozando el polvo fresco del otoño
en nubes diminutas

olvidadizas del verano húmedo

LAPSE OF MEMORY

The yellowing leaves murmur in the sun
brushing the cool autumn dust
in small clouds

forgetful of the humid summer

HÚMEDO AIRE NOCTURNO

En la hora antes del alba,
vacía y sin colores,
la hierba invisible
es tocada
sólo por el rocío

HUMID NIGHT AIR

At this hour, before sunrise,
empty and without colors,
the invisible grass is touched
only by dew

EN LA GUERRA

Con Gratitud a William Wordsworth

En espacios sosegados, silenciosos,
todavía podremos encontrar
nuestra hora dolorosamente perdida,
el esplendor mortal en la hierba.

AT WAR

With gratitude to William Wordsworth

In still, silent spaces,
we may yet find
our grievously lost hour,
the mortal splendor in the grass.

ADIÓS

Quería decírtelo todo
pero no dije nada

Dejé todo en silencio
    todo lo que era importante
    todo lo que mi corazón contenía
    todo lo que el espíritu quería gritar

Esperaba que tú entendieras
    con un beso
    con una caricia

Los sentimientos
renacían cada vez que volvía a verte

Te marchaste
y todo lo que pude decirte
sólo, en voz baja,
fue

adiós

GOOD-BYE

I wanted to tell you everything
but I didn't say anything at all

I left in silence
      everything that was important
      everything my heart held
      everything the spirit wanted to shout

I hoped that you would understand
      by a kiss
      by a touch

The feelings
reborn each time I saw you

You left
and I could only say,
in a low voice,

good-bye

FRIOLENTA

Estoy acostumbrada a mi soledad
envolviéndome como un viejo edredón
dándome un calor casi suficiente
en esta noche fría

CHILLY

I am used to my solitude
surrounding me like an old quilt
keeping me almost warm enough
on this cold night

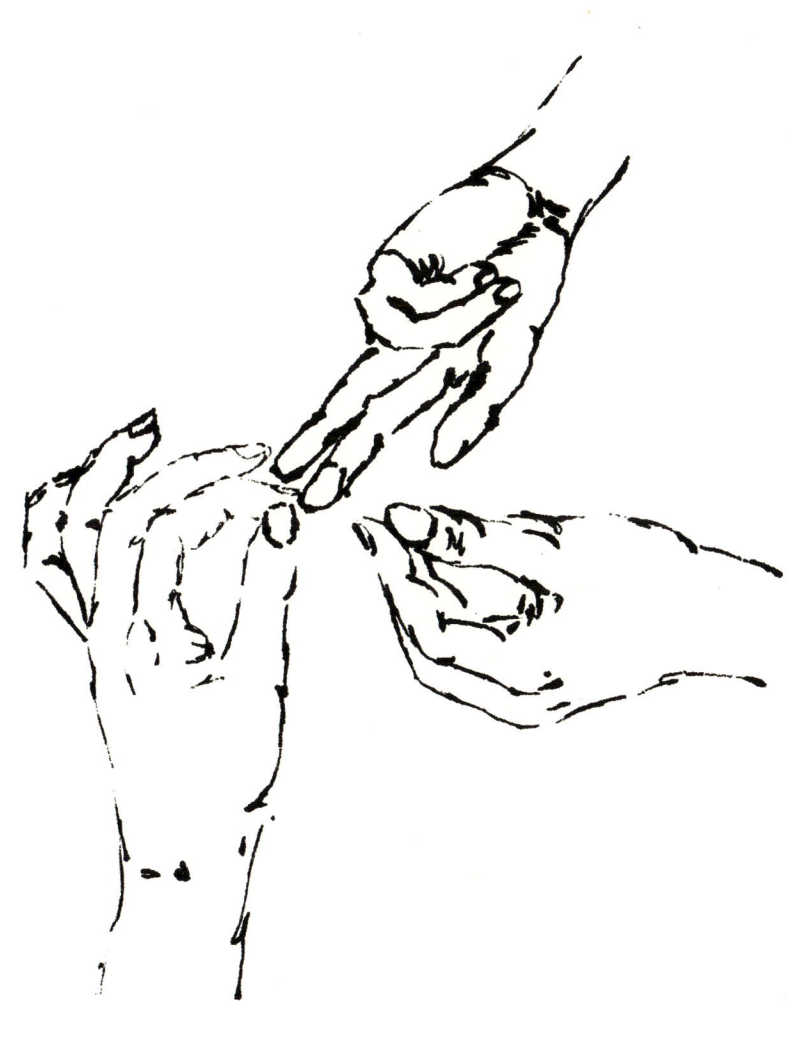

HISTORIA DE UN DELANTAL

En el departamento de pintura
la empleada lleva un delantal.

Al abrir cada lata
su cadera es llevada por el ritmo de su mano
y por el ritmo de sus clientes

Cada color, cada plan, cada esperanza,
está en su delantal
su bolsillo está cubierto
con los colores de sus sueños

¿Qué será cubierto, borrado de la vista,
de la memoria?
¿Qué retazos de otros tiempos
se eliminarán al final?

¿Qué va a abrir la llave nueva?
Cambiando las cerraduras
como cambian sus vidas
    ¿una casa nueva
    un amor nuevo
    un miedo antiguo
    un antiguo dolor?

¿Qué esperanza quedará en la bolsa
mientras ellos se dirigen a la salida?

APRON STORY

In the paint department the clerk wears an apron.

As she works each can open
her hip is marked with the rhythm of her hand
and with the rhythm of her customers

Every color, hope, plan
is on her apron
her pocket is covered with the colors of their dreams.

What will be covered,
blotted from sight,
from memory?

What leftovers from another time
are finally obliterated?

What will the new key open?
Changing the locks as they change their life
    a new house
    new love
    old fear
    old sorrow?

What hope is in the bag
as they check out?

DICHOSO DÍA

Me metí en el agua profunda
me sumergí en ese brillante líquido limpio
deslumbrante en el sol.

Me ahogué en las sensaciones del verano
floté en éxtasis, ingrávida, jubilosa.

Aprendí a nadar.

JOYOUS DAY

I entered the deep water
and submerged myself in that brilliant, clear liquid,
dazzling in the sun.

I drowned myself in the summery sensations,
floated in ecstasy, weightless, jubilant.

I learned to swim.

LAS NUBES ALTAS

Las nubes respiran en su camino alto.
Mientras tanto, nosotros esperamos

esperamos a que ellas bajen
y nos rocen
con su niebla

HIGH CLOUDS

Clouds breathe in the high road.
Meanwhile, we are waiting

waiting for them to come down
and touch us with their fog

RÍO FRESCO

El río corre helado ahora
con el sabor del hielo del año pasado.

Alrededor de las rocas, suavizadas por el agua,
se estanca limpio y frío

    precipitándose
    en su camino
    hacia inmortalidad oceánica

hacia olvido.

COLD RIVER

The river runs cold now
flavored with last year's ice.

Around the water-soft rocks
it pools clean and frigid

       rushing
       on its way
       to oceanic immortality

to oblivion.

VIRGA

Lluvia tímida en el cielo
cae hacia nosotros
vacilante
oscureciendo el día polvoroso

*En Nuevo México virga es la lluvia
que no llega nunca a la tierra.*

VIRGA

Shy rain in the sky
falling toward us
hesitating
darkening the dusty day

*In New Mexico virga is rain
that never reaches the ground.*

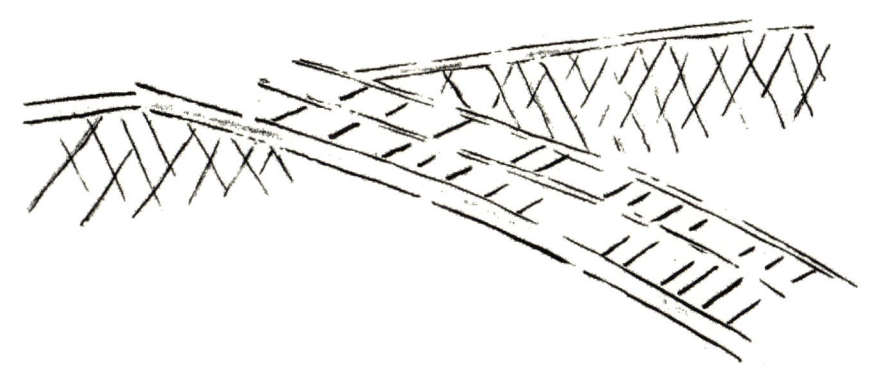

SUBIR A MONTSERRAT

Subir cuando la niebla se aclara

mojarse

oler de las nubes

CLIMBING MONTSERRAT

Climbing as the fog breaks up

getting wet

smelling of the clouds

MULTIMEDIA

¿Es que tu dios cabe en la caja?

¿Oíste una voz del televisor
que dice

"Estoy aquí"?

¿El ordenador te llevó a un website
y dijo

"Estás aquí"?

¿Viste las carteleras al lado del camino
que dicen

"¡El último día viene.
Todos pueden salvarse.
Arrepiéntete!"?

Cada uno de nosotros tratará de no ver
nuestro propio diablo
pero un día,
tal vez al azar,
vamos a mirarnos en el espejo.

MULTIMEDIA

Does your god fit in the box?

Did you hear a voice from your television say,

"I'm here"?

Did your computer take you to a website and say,

"You're here"?

Did you see the billboards along the highway that say,

"The end is near.
All can be saved.
Repent!"?

Each of us will try not to see
our own demon
but someday,
perhaps accidentally,
we will look in the mirror.

EN ALTONA, MANITOBA

La cartelera al lado del camino dice que

"¡El día del juicio se acerca!"

En este momento
entrecerramos los ojos en el sol
abriendo nuestros ojos
para ver este día –

y lo declaramos muy lindo

IN ALTONA, MANITOBA

The sign by the roadside says

"The day of judgment is near!"

Right now
we are squinting in the sun,
opening our eyes
to see this day –

and judge it fine.

EL AIRE BLANCO

El aire sin dimensión,
blanco en el calor,
tiene inmóvil
el peso de esta tarde

El sol ha capturado el mundo entero
en su red de luz roja.

FLAT AIR

The flat air,
white in the heat,
holds immobile
the weight of this afternoon.

The sun has captured the whole world
in its net of red light.

CANCIÓN DE LA PRADERA

En esta pradera, verde, frondosa, tranquila
podemos oír las canciones del verano
cantan con el pulso de la hierba

    con el ritmo de las nubes
    con la melodía de las piedras

cantarán para siempre

MEADOW SONG

In this green leafy quiet meadow
we can hear the songs of summer
sing with the pulse of the grass

        with the rhythm of the clouds
        with the melody of the rocks

they sing forever

CHOCOLATE FRANCÉS

Oscuro, claro, con leche, blanco
70–80–94%
      barras
      cuadrados
      cubos
      palitos
Diez tipos de helado de chocolate
Chocolate con
almendras, avellanas, pasas, ciruelas,
frambuesas, naranjas, mandarinas,
vino, café, té, chile

Chocolateros
pasteleros de chocolate
ollas de plata para chocolate
jarras bonitas para chocolate

Encaje de chocolate en pastel de chocolate
chocolate en tazas enormes con crema
chocolate sobre cualquier cosa
chocolate en todas partes

¿ Qué no le gusta a nadie la vainilla?

FRENCH CHOCOLATE

Dark, light, milk, white
70–80–94%
    bars
    squares
    cubes
    sticks
Ten kinds of chocolate ice cream
Chocolate with
almonds, filberts, raisins, prunes,
raspberries, oranges, tangerines,
wine, coffee, tea, chile

Chocolate makers
chocolate bakers
silver pots for chocolate
pretty pitchers for chocolate

Chocolate lace on chocolate cake
chocolate in huge cups with cream
chocolate over anything at all
chocolate everywhere

Doesn't anyone like vanilla?

EL NIVEL DE POLEN

El viento es grisáceo y cálido
resplandeciente del polvo
el polen del paraíso del próximo verano

POLLEN COUNT

The wind is white-gray and hot
sparkling with dust
the pollen of next summer's paradise

COMPRAR UNA NUEVA CASA

El inmobiliario es más fácil que el amor.

Caminamos a través de las habitaciones
  completas de la vida de alguien más
  vacías de nosotros

Pensamos en nuestro sofá aquí
  nuestros libros allá
  espacio para todas las cosas
  que nuestra vida ha acumulado

Imaginamos
  que nos amamos delante de la ventana

Recordamos
que vamos a luchar en la cocina
y reconciliarnos en el porche

Y decidimos que podemos vivir aquí.

BUYING A NEW HOUSE

Real estate is easier than love.

We walk through the rooms
    full of someone else's life
    empty of us

We think of our couch here
our books over there
room for all the stuff
our life has accumulated

We imagine
    loving each other in front of the window

We remember
that we will fight in the kitchen
and make up on the porch

And decide that we can live here.

TORMENTA MÁGICA

Una tormenta mágica
resonando con brillantes colores
colmada de canciones eléctricas
vuela a casa

MAGIC THUNDERSTORM

A magic thunderstorm
resounding with shining colors
filled with electric songs
flying home

ACROBACIA

Una sola gota en el diluvio
envuelta en la cascada del aire

      cayendo
           girando
                volviendo

Por suerte da saltos mortales hacia el olvido

ACROBATICS

A single droplet in the deluge
twisted in the cascade of air

      falling

            turning

                  returning

By chance somersaults to oblivion

VIEJOS REGALOS

Guardé tus regalos

    poesía
    flores ahora secas
    cosquillas
    música

Están en el jardín

Los veo todos los días
cuando salgo a vivir mi vida.

OLD GIFTS

I saved your gifts

        poetry
        flowers now dry
        tickles
        music

They are in the garden

I see them every day
when I go out to live my life.